COPIE

LITTÉRALE

PRISE SUR LA MINUTE,

DU STYLE ET DE LA MAIN

DE

MARIE-JEANNE ROLAND,

Femme du ci-devant Ministre de l'Intérieur.

A PARIS,

Chez la Veuve d'Ant.-Jos. GORSAS, Imprimeur-Libraire, rue Neuve des Petits-Champs, au coin de celle de la Loi, N°. 741.

Et chez la Citoyenne MATHÉ, Libraire, Galeries de Bois, en face du passage du Lycée, au Palais Egalité, N°. 222.

AN III DE LA RÉPUBLIQUE.

COPIE

LITTÉRALE,

Prise sur la minute, du style et de la main de Marie-Jeanne ROLAND, Femme du ci-devant Ministre de l'Intérieur.

L'ACCUSATION portée contre moi repose entièrement sur une prétendue complicité avec des hommes appellés conspirateurs. Mes liaisons d'amitié avec un petit nombre d'entr'eux, sont très-antérieures aux circonstances politiques qui les font considérer comme coupables ; les rapports que j'ai conservé avec eux, par une voye intermédiaire, à l'époque de leur départ de Paris, sont absolument étrangers aux affaires. Je n'ai point

* Marie-Jeanne Phelipon, femme de Jean-Marie Roland, exécutée le 18 brumaire, l'an deuxième, Place de la Révolution.

A

eû proprement de correspondances politiques; et à cet égard, je pourrois m'en
tenir à une dénégation absolue, car je
ne saurois être interpellée de rendre
compte de mes affections particulières;
mais je puis m'honorer d'elles comme de
ma conduite, et je n'ai rien à taire au
public.

Je dirai donc que j'ai reçu des expres-
sions de regret sur ma détention, et
l'avis que Duperret avóit pour moi deux
lettres, soit qu'elles eussent été écrites
avant ou après avoir quitté Paris, soit
qu'elles fussent d'un seul ou de deux de
mes amis, je l'ignore; elles ne me sont
point pervenues; Duperret les avoit remi-
ses en d'autres mains, et je ne les ai jamais
vû. J'ai reçu une autre fois la pressante
invitation de rompre mes fers; des offres
de services pour m'aider à y réussir,
suivant les moyens que je jugerois con-
venables, et pour me rendre où je trou-
verois bon. Je n'ai voulu rien tenter de
semblable, par devoir et par honneur;

par devoir, pour ne point exposer ceux
à la garde de qui j'étois confiée; par
honneur, parce que dans tous les cas,
je préférois m'exposer à la suite de toutes
les vexations, plutôt que de me couvrir
d'une apparence coupable, par une suite
indigne de moi. J'avois bien voulu être
arrêtée au 31 mai, ce n'étoit pas pour
m'échapper plus tard. Voilà à quoi se
sont bornées mes relations avec mes amis
fugitifs. Sans doute, si la communication
n'eût pas été interrompue, ou, si je
n'eusse pas été contrainte par ma cap-
tivité, j'aurois cherché à me procurer de
leurs nouvelles; car je ne connois pas
de loi qui me l'interdit. Eh ! dans quel
temps, chez quel Peuple du monde,
fût - il jamais permis de traduire,
comme un crime, la fidélité aux sentimens d'estime et de fraternité qui lient
les hommes entr'eux ? Je ne juge point
les mesures que prirent ceux qu'on a
proscrits, elles ne m'ont point été con-
nues ; mais je ne crois point à des inten-

tions perverses chez eux, dont la probité, le civisme, et le généreux dévouement à leur pays m'étoient démontrés; s'ils ont erré, ce fût de bonne-foi; ils succombent, sans être avilis; ils sont à mes yeux malheureux, sans être coupables. Si je la suis moi-même, en faisant des vœux pour leur salut, je me déclare telle à la face de l'Univers. Je n'ai pas d'inquiétude pour leur gloire; et je consens volontiers à partager celle d'être opprimée par leurs ennemis. J'ai vû ces généreux accusés d'avoir conspiré contre leur pays, Républicains déclarés, mais humains, persuadés qu'il falloit faire, par de bonnes loix, chérir la République de ceux même qui doutoient qu'elle pût se soutenir; ce qui, véritablement, est plus difficile que de les tuer. L'histoire de tous les siècles a prouvé qu'il falloit beaucoup de talens pour mener les hommes à la vertu par de bonnes loix; tandis qu'il a suffit de la violence pour les contenir, par la terreur, ou les anéantir par la mort. Je les ai vû prétendre que l'abondance , comme le bonheur , ne pouvoient résulter que d'un régime équitable , protecteur et bienfaisant ; que la toute-puissance des baïonnettes produiroit bien la peur , mais non pas du pain ; je les ai vû animés du plus vif enthousiasme pour le bien du Peuple , dédaigner de le flatter , résolus de périr victimes de son aveuglement , plutôt que de le tromper ; j'avoue que ces principes et cette conduite m'ont paru totalement différentes de celles des tyrans et des ambitieux , qui cherchent à plaire au Peuple pour le subjuguer ; elles m'ont pénétré d'estime pour ces hommes géné-reux ; cette erreur , si c'en est une , m'ac-compagnera dans le tombeau , et je m'ho-norerois de les suivre n'ayant pû les ac-compagner.

Ma défense , j'ose le dire , est plus né-cessaire à ceux qui veulent s'éclairer de bonne-foi , qu'elle ne l'est à moi-même. Tranquille et satisfaite dans le sentiment d'avoir rempli mes devoirs , j'envisage l'avenir avec sécurité. Mes goûts sérieux, mes habitudes studieuses, m'ont tenu également éloignée des folies de la dissipation et du tracas de l'intrigue. Amie de la liberté, dont la réflexion m'avoit fait juger le prix, j'ai vû la révolution avec transport, persuadée qu'elle étoit l'époque du renversement de l'arbitraire que je hais, de la réforme d'abus, dont j'avois souvent gémi, en m'attendrissant sur le sort de la classe malheureuse ; j'ai suivi les progrès de la révolution avec intérêt ; je m'entretenois de la chose publique avec chaleur ; mais je n'ai pas dépassé les bornes qui m'étoient imposées par mon sexe. Quelques talens, peut-être, assez de philosophie, un courage plus rare, et qui me permettoit de ne point affoiblir dans les dangers celui de mon mari, voilà, probablement, ce qu'auront indiscrétement vanté ceux qui me connoissent, et ce qui m'a fait des ennemis parmi ceux qui ne me connoissent pas. Roland a pû m'employer quelque fois comme secrétaire ; et la fameuse lettre au Roi, par exemple, est copiée toute entière de ma main. Ce seroit une assez bonne pièce à joindre à mon procès, si c'étoit les Autrichiens qui me le fissent, et qu'ils s'avisassent d'étendre la responsabilité du Ministre jusques sur sa femme. Mais Roland avoit fait connoître depuis long-temps ses sentimens et son amour des grands principes ; les preuves en existent dans de nombreux ouvrages publiés depuis quinze ans. Son savoir et sa probité sont bien à lui, et il n'avoit pas besoin d'une femme pour être un sage Ministre. Jamais il ne s'est tenu chez lui de conférences ni de conciliabules ; ses amis, ses collègues, quels qu'ils fussent et ses connoissances, se réunissoient chez lui, à table, une fois la semaine ; là, dans des conversations très-publiques, on s'entretenoient ouvertement de ce qui intéressoit tout le monde. Du reste, les écrits de ce Ministre respirent tous l'amour de l'ordre et de la paix ; exposant d'une manière touchante les meilleurs principes de la morale et de la politique ; ils attesteront à jamais sa sagesse, de même que ses comptes prouveront sa pureté. Je reviens au délit qui m'est imputé. J'observe que je n'avois point de liaison avec Duperret ; je l'avois vu quelquefois durant le ministère de mon mari : il n'étoit pas venu chez moi d puis six mois que Roland n'étoit plus en place ; je puis faire la même remarque pour les autres Députés, nos amis, ce qui, assurément, ne s'accorde point avec la supposition d'intelligence et de conspiration qu'on nous prête. Il est évident, par ma première lettre à Duperret, que je n'écrivois à ce Député que par la difficulté de m'adresser à tout autre, dans l'idée qu'il se prêteroit à me rendre service. Ainsi ma correspondance avec lui n'étoit pas projettée ; elle n'étoit ni la suite d'aucunes liaisons précédentes, et elle n'avoit d'ailleurs qu'un objet particulier. Elle devint une occasion d'avoir des nouvelles de ceux qui venoient de s'absenter, et avec lesquels j'étois liée d'amitié, fort indépendamment de toutes considérations politiques. Celles-ci n'entroient pour rien dans l'espèce de relation que je conservai durant les premiers instans de leur absence. Aucun monument ne dépose contre moi à cet égard ; ceux que l'on cite feroient seulement penser que je partageois les opinions et les sentimens de ce qu'on les appelle conspirateurs. Cette induction est fondée, je l'avoue hautement ; et je me glorifie de cette conformité ; mais je ne leur donnai point une manifestation dont on puisse me faire un crime et qui tendit à rien troubler. Or, pour établir une complicité dans un projet quelconque, il faut, ou avoir donné des conseils, ou avoir fourni des moyens : je n'ai fait ni l'un ni l'autre ; je ne suis donc pas répréhensible aux yeux de la loi ; il n'y en a point qui me condamne ; il n'existe pas de fait pour l'application d'aucune.

Je sais qu'en révolution la loi comme

la justice sont souvent oubliées , & la preuve *c'est que je suis ici.* Je ne dois mon procès qu'aux préventions, aux haines violentes qui se développent dans les grandes agitations et qui s'exercent pour l'ordinaire contre ceux qui ont été en évidence ou auxquels on connoit quelque caractère. Il eût été facile à mon courage de me soustraire au jugement que je prévoyois , j'ai cru qu'il étoit plus convenable de le subir ; j'ai cru devoir cet exemple à mon pays ; j'ai cru que si je devois être condamnée , il falloit laisser à la tyrannie l'odieux d'immoler une femme qui n'eut d'autre crime que quelques talens dont elle ne se prévalut jamais, un grand zèle pour le bien de l'humanité , le courage d'avouer ses amis malheureux & de rendre hommage à la vérité au péril de sa vie. Les ames qui ont quelque grandeur savent s'oublier elles-mêmes, elles sentent qu'elles se doivent à l'espèce entière , & elles ne s'envisagent que dans la postérité. J'appartiens à Roland vertueux & persécuté, je fus liée avec des hommes que l'aveuglement & la haine de la jalouse médiocrité ont fait proscrire & immoler, il est nécessaire que je périsse à mon tour, parce qu'il est dans les principes de la tyrannie de sacrifier ceux qu'elle a violemment opprimé, & d'anéantir jusqu'aux témoins trop clairvoyans de ses excès. A ce double titre vous me devez la mort & je l'attends. Quand l'innocence marche au supplice où la condemnent l'erreur & la perversité, c'est au triomphe qu'elle arrive. Puissé-je être la derniere victime immolée ! Je quitterai avec joie cette terre infortunée qui dévore les gens de bien & s'abreuve du sang des justes. Vérité, patrie, amitié, objets sacrés, semtimens chers à mon cœur, recevez mon dernier sacrifice ; ma vie vous fut consacrée, vous rendrez ma mort également douce & gracieuse. Juste ciel ! éclaire ce peuple malheureux pour lequel je desire la liberté......Liberté !.......elle est pour les ames fières qui méprisent la mort & savent à-propos la donner. Elle n'est pas pour ces ames foibles qui temporisent avec le crime, en couvrant du nom de prudence leur égoïsme & leur lâcheté. Elle n'est pas pour ces hommes corrompus qui sortant du lit de la débauche ou de la fange de la misère, courent se baigner dans le sang qui ruisselle des échafauds. Elle est pour le peuple sage qui chérit l'humanité, pratique la justice, méprise ses flatteurs, connoît ses vrais amis, & respecte la vérité. Tant que vous ne serez pas un tel peuple, ô mes concitoyens, vous parlerez vainement de liberté, vous n'aurez qu'une licence dont vous tomberez victimes chacun à votre tour ; vous demanderez du pain, on vous donnera des cadavres, & vous finirez par être asservis.

Je n'ai point dissimulé mes sentimens ni mes opinions ; je sais qu'une Dame Romaine fut envoyée au supplice, sous Tibère, pour avoir pleuré son fils ; je sais que dans un tems d'a-

veuglement & de fureur d'esprit de parti,
quiconque a le courage de s'avouer l'ami
des condamnés ou des proscrits , s'expose
à partager leur infortune ; mais je méprise
la mort, je n'ai jamais craint que le crime,
& je n'assurerois pas mes jours au prix
d'une lâcheté.

Malheur au tems , malheur au peuple
où la force de rendre hommage à la
vertu méconnue peut exposer à des périls,
& trop heureux alors qui se sent capable
de les braver !

C'est à vous de juger maintenant s'il
convient à vos intérêts de condamner à
défaut de preuves sur de simp'es opinions, & sans l'appui d'aucune loi.

Ce Discours a été littéralement copié sur le
manuscrit de Marie-Jeanne Roland.